Szkoła - shkolla 2
Podróż - udhëtim 5
Transport - transport 8
Miasto - qytet 10
Krajobraz - peisazh 14
Restauracja - restorant 17
Supermarket - supermarket 20
Napoje - pije 22
Jedzenie - ushqim 23
Gospodarstwo chłopskie - fermë 27
Dom - shtëpi 31
Pokój dzienny - dhomë ndenjeje 33
Kuchnia - kuzhinë 35
Łazienka - tualet 38
Pokój dziecięcy - dhomë fëmijësh 42
Ubiór - veshje 44
Biuro - zyrë 49
Gospodarka - ekonomi 51
Zawody - profesionet 53
Narzędzia - mjete 56
Instrumenty muzyczne - instrumenta muzikorë 57
Zoo - kopsht zoologjik 59
Sport - sportet 62
Działania - aktivitet 63
Rodzina - familje 67
Ciało - trupi 68
Szpital - spital 72
Nagły przypadek - emergjencë 76
Ziemia - toka 77
Zegar - orë 79
Tydzień - javë 80
Rok - vit 81
Kształty - forma 83
Kolory - ngjyra 84
Przeciwieństwa - të kundërta 85
Liczby - numra 88
Języki - gjuhët 90
kto / co / jak - kush / çfarë / si 91
gdzie - ku 92

Impressum
Verlag: BABADADA GmbH, Nedderfeld 112 , 22529 Hamburg
Geschäftsführer / Verlagsleitung: Harald Hof
Druck: Books on Demand GmbH, In de Tarpen 42, 22848 Norderstedt

Imprint
Publisher: BABADADA GmbH, Nedderfeld 112 , 22529 Hamburg, Germany
Managing Director / Publishing direction: Harald Hof
Print: Books on Demand GmbH, In de Tarpen 42, 22848 Norderstedt, Germany

Szkoła

shkolla

Sala lekcyjna
klasa

dzielić
pjesëtim

Tablica
tabela

Dziedziniec szkolny
oborr shkolle

Nauczyciel
mësues

Papier
letër

pisać
shkruaj

Pisak
stilolaps

Biurko
tavolinë

Liniał
vizore

Książka
libri

Uczeń
nxënës

Plecak szkolny

çantë

Piórnik

mbajtëse lapsash

Ołówek

laps

Temperówka

mprehës lapsash

Gumka do mazania

gomë

Blok rysunkowy

fletore vizatimi

Rysunek

vizatim

Pędzel

penel

Pudełko z akwarelami

kuti bojërash

Nożyce

gërshërë

Klej

ngjitës

Książka do ćwiczenia

fletore detyrash

Zadanie domowe

detyrë shtëpie

12

Liczba

numër

2+2

dodawać

mbledh

5-2

odejmować

zbres

2×2

mnożyć

shumëzoj

liczyć

llogaris

A

Litera

gërmë

ABCDEFG HIJKLMN OPQRSTU VWXYZ

Alfabet

alfabeti

hello

Słowo

fjalë

Tekst

tekst

czytać

lexoj

Kreda

shkumës

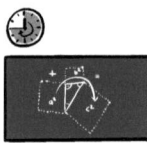

Godzina

mësim

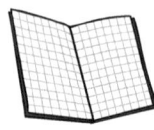

Dziennik lekcyjny

regjistër

Egzamin

provim

Świadectwo

çertifikatë

Mundurek szkolny

uniformë shkolle

Wykształcenie

arsimim

Leksykon

enciklopedia

Uniwersytet

universitet

Mikroskop

mikroskop

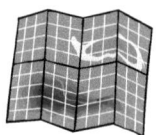

Mapa

hartë

Kosz na odpadki

kosh letrash

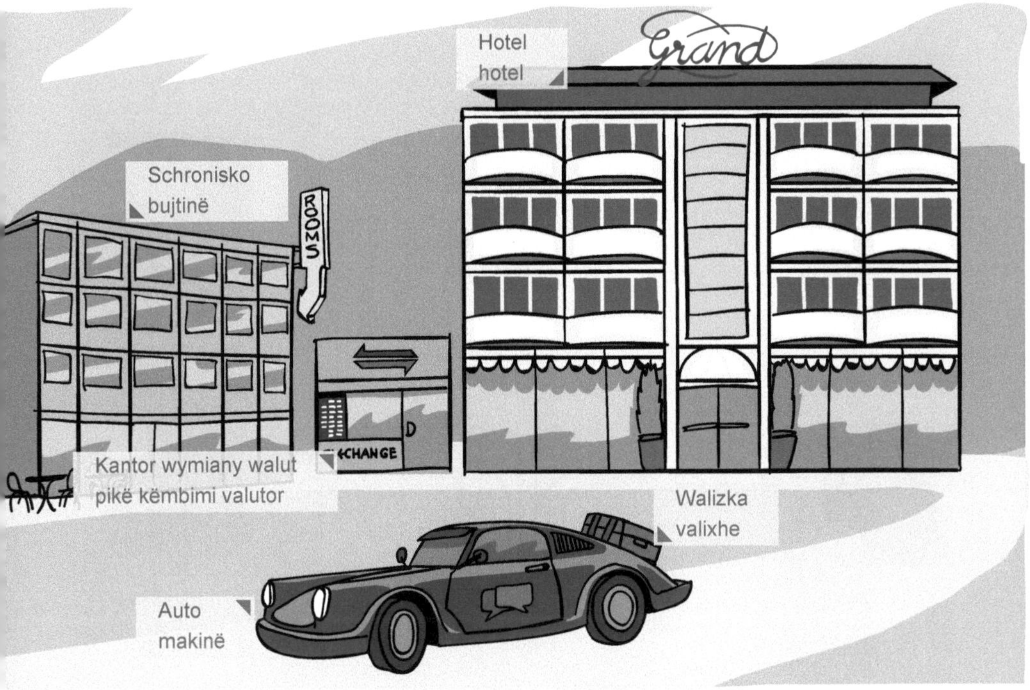

Hotel
hotel
Grand
Schronisko
bujtinë
ROOMS
Kantor wymiany walut
pikë këmbimi valutor
EXCHANGE
Walizka
valixhe
Auto
makinë

Język
gjuhë

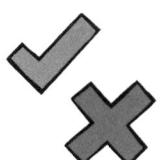

tak / nie
po / jo

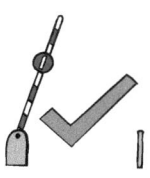

OK
Në rregull

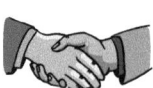

Halo
ç'kemi

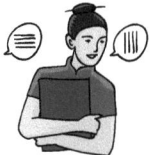

Tłumacz
përkthyes

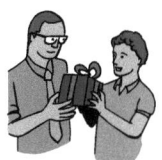

Dziękuję
Faleminderit

Ile kosztuje ...?

sa kushton...?

Nie rozumiem

nuk e kuptoj

Problem

problem

Dobry wieczór!

Mirëmbrëma!

Dzień dobry!

Mirëmëngjes!

Dobranoc!

Natën e mirë!

Do widzenia

mirupafshim

Kierunek

drejtim

Bagaż

bagazhet

Torba

çantë

Plecak

çantë shpine

Gość

mysafir

Pokój

dhomë

Śpiwór

thes gjumi

Namiot

tendë

Informacja turystyczna

informacion për turistët

Plaża

plazh

Karta kredytowa

kartë krediti

Śniadanie

mëngjes

Obiad

drekë

Kolacja

darkë

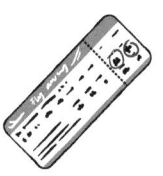

Bilet

Biletë

Winda

ashensor

Znaczek na list

pulla

Granica

kufi

Cło

doganë

Ambasada

ambasadë

Wiza

vizë

Paszport

pasaportë

Transport
transport

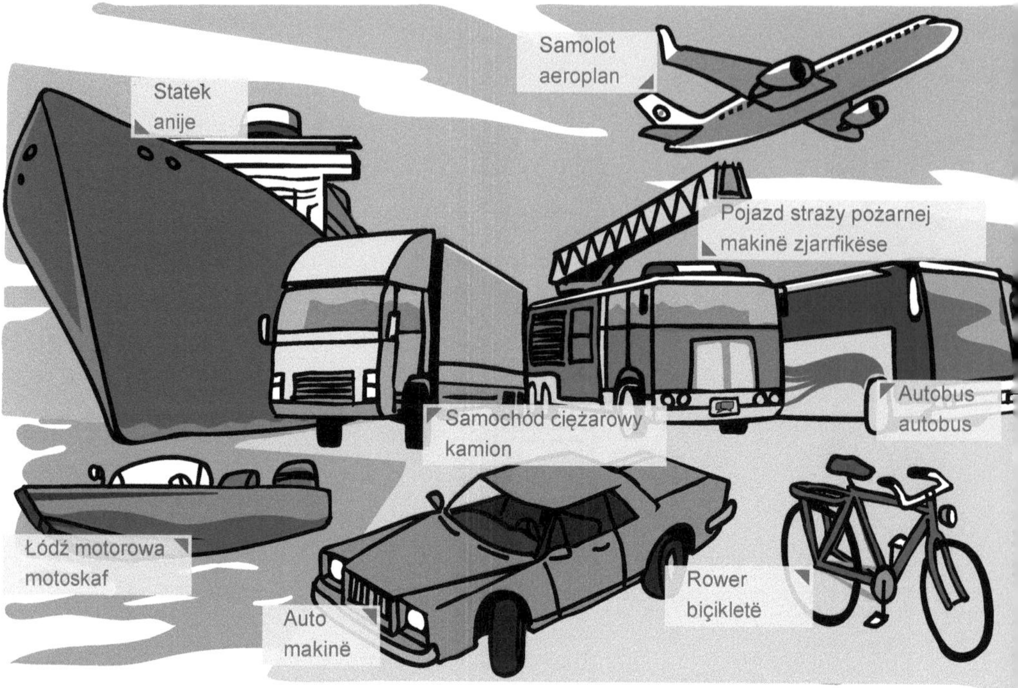
Samolot
aeroplan
Statek
anije
Pojazd straży pożarnej
makinë zjarrfikëse
Autobus
autobus
Samochód ciężarowy
kamion
Łódź motorowa
motoskaf
Rower
biçikletë
Auto
makinë

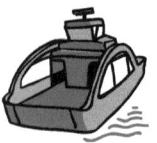

Prom

traget

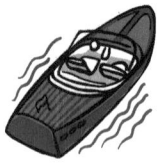

Łódź

varkë

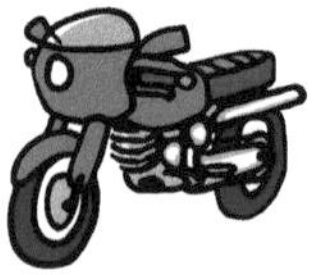

Motocykl

motoçikletë

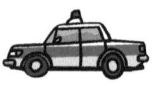

Radiowóz policyjny

makinë policie

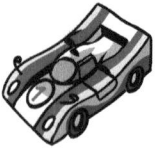

Samochód wyścigowy

makinë garash

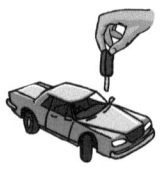

Samochód wypożyczony

makinë me qira

Wspólne przejazdy
samochodem
darje e qirasë së makinës

Samochód pomocy
drogowej
karroatrec

Śmieciarka

makinë plehrash

Silnik

motor

Benzyna

benzinë

Stacja benzynowa

pikë karburanti

Znak drogowy

sinjalistikë trafiku

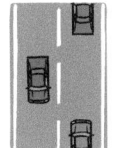

Ruch

trafik

Korek

bllokim trafiku

Parking

parkim makinash

Dworzec

stacion treni

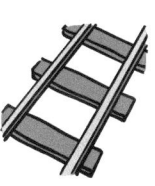

Szyny

trase

Pociąg

tren

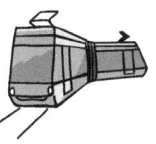

Tramwaj

tramvaj

Wagon

karro

Helikopter

helikopter

Lotnisko

aeroport

Wieża

kullë

Pasażer

pasagjer

Kontener

kontenier

Karton

kuti kartoni

Taczka

qerre

Kosz

shportë

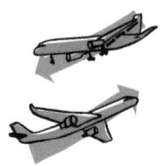

startować / lądować

ngrihem / ulem

Miasto

qytet

Wieś

fshat

Centrum miasta

qendra e qytetit

Dom

shtëpi

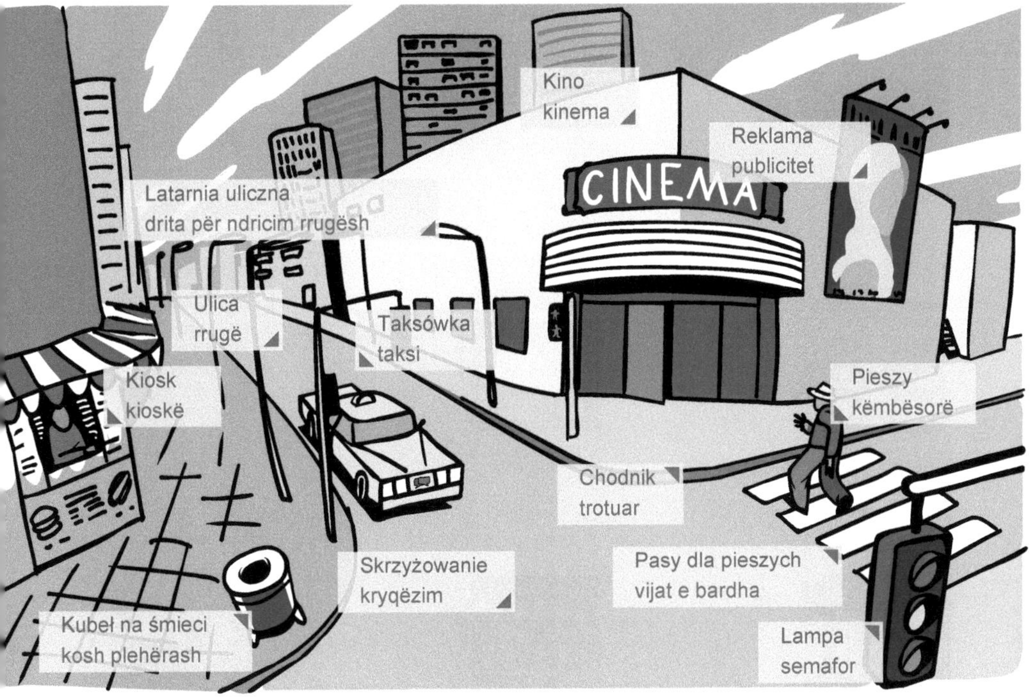

Kino
kinema

Reklama
publicitet

Latarnia uliczna
drita për ndricim rrugësh

CINEMA

Ulica
rrugë

Taksówka
taksi

Pieszy
këmbësorë

Kiosk
kioskë

Chodnik
trotuar

Skrzyżowanie
kryqëzim

Pasy dla pieszych
vijat e bardha

Kubeł na śmieci
kosh plehërash

Lampa
semafor

Chata
kasolle

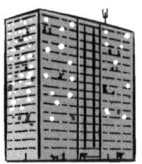

Mieszkanie
apartament

Dworzec
stacion treni

Ratusz
bashki

Muzeum
muze

Szkoła
shkolla

Miasto - qytet

Uniwersytet

universitet

Bank

bankë

Szpital

spital

Hotel

hotel

Apteka

farmaci

Biuro

zyrë

Księgarnia

librari

Sklep

dyqan

Kwiaciarnia

dyqan lulesh

Supermarket

supermarket

Rynek

market

Dom towarowy

mapo

Sklep z rybami

dyqan peshku

Centrum handlowe

qëndër tregtare

Port

port

Park	Ławka	Most
park	stol	urë

Schody	Metro	Tunel
shkallë	metro	tunel

Przystanek autobusowy	Bar	Restauracja
stacion autobuzi	bar	restorant

Skrzynka na listy	Tabliczka z nazwą ulicy	Parkometr
kuti postare	sinjalistikë rrugore	kohëmatës parkimi
	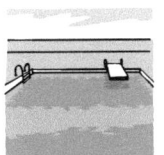	
Zoo	Łaźnia	Meczet
kopsht zoologjik	pishinë	xhami

Gospodarstwo chłopskie

fermë

Zanieczyszczenie
środowiska
ndotje

Cmentarz

varrezë

Kościół

kishë

Plac zabaw

shesh lojërash

Świątynia

tempull

Krajobraz
peisazh

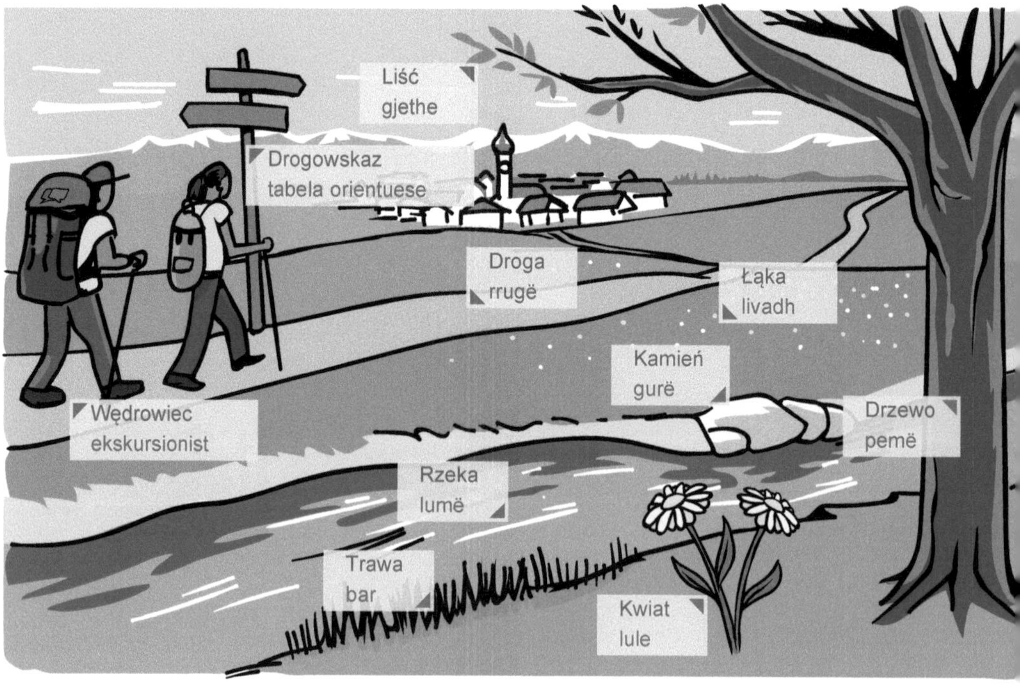

![Landscape illustration](Liść / gjethe · Drogowskaz / tabela orientuese · Droga / rrugë · Łąka / livadh · Kamień / gurë · Drzewo / pemë · Wędrowiec / ekskursionist · Rzeka / lumë · Trawa / bar · Kwiat / lule)

Dolina

luginë

Góra

kodër

Jezioro

liqen

Las

pyll

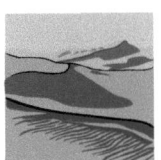

Pustynia

shkretëtirë

Wulkan

vullkan

Zamek

kështjellë

Tęcza

ylber

Grzyb

kepudhë

Palma

palmë

Komar

mushkonjë

Mucha

mizë

Mrówka

milingonë

Pszczoła

bletë

Pająk

merimangë

Krajobraz - peisazh

15

Chrząszcz

brumbull

Żaba

bretkosë

Wiewiórka

ketër

Jeż

iriq

Zając

lepur

Sowa

buf

Ptak

zog

Łabędź

mjellmë

Dzik

derr i egër

Jeleń

dre

Łoś

dre brilopatë

Tama

digë

Wiatrak

turbinë ere

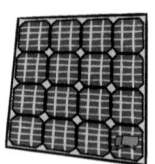

Moduł solarny

panel diellor

Klimat

klimë

Restauracja
restorant

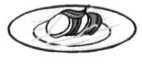

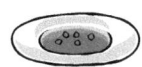

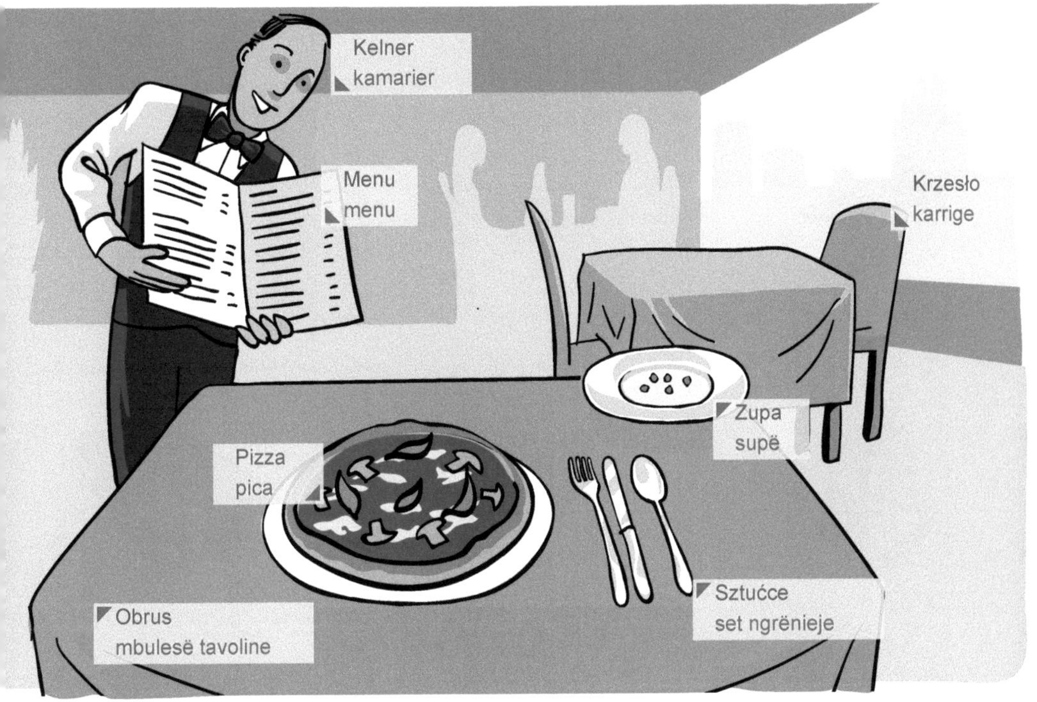

Kelner
kamarier
Menu
menu
Krzesło
karrige
Zupa
supë
Pizza
pica
Sztućce
set ngrënieje
Obrus
mbulesë tavoline

Przystawka

pjatë e parë

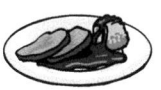

Danie główne

pjatë kryesore

Deser

ëmbëlsirë

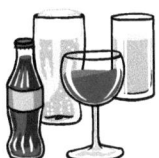

Napoje

pije

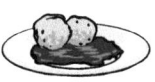

Jedzenie

ushqim

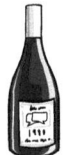

Butelka

shishe

Fastfood

ushqim i shpejtë

Streetfood

ushqim i shërbyer në rrugë

Dzbanek na herbatę

ibrik çaji

Cukierniczka

kuti sheqeri

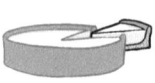

Porcja

racion

Zaparzarka do espresso

makinë kafeje ekspres

Krzesło dla dziecka

karrige e lartë

Rachunek

faturë

Taca

tabaka

Noż

thika

Widelec

pirun

Łyżka

lugë

Łyżeczka

lugë çaji

Serwetka

pecetë

Szklanka

gotë

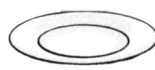

Talerz

pjatë

Talerz do zupy

pjatë supe

Podstawek pod filiżankę

pjatë filxhani

Sos

salcë

Solniczka

mbajtëse kripe

Młynek do pieprzu

mulli piperi

Ocet

uthull

Olej

vaj

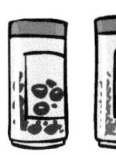

Przyprawy

erëza

Keczup

keçap

Musztarda

mustardë

Majonez

majonezë

Supermarket

supermarket

Oferta
ofertë speciale
FOR
Klient
klient
Produkty mleczne
produkte bulmeti
Owoce
frut
Wózek sklepowy
karrocë pazari

BUTCHERS

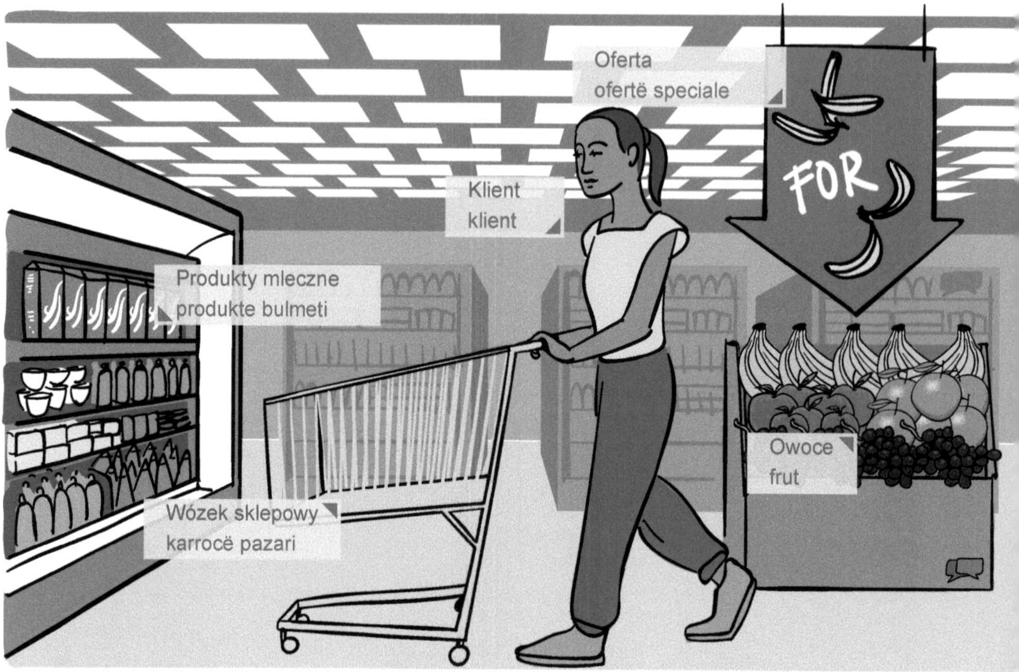

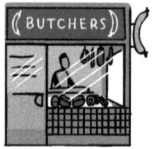

Rzeźnia

dyqan mishi

BAKERY

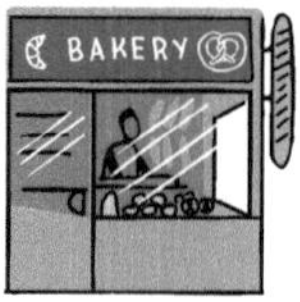

Piekarnia

furrë buke

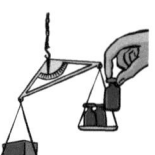

ważyć

peshoj

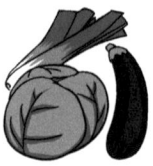

Warzywa

perime

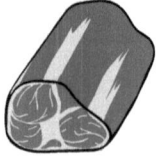

Mięso

mish

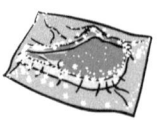

Mrożonki

ushqim i ngrirë

Wędliny
copë

Konserwy
ushqim i konservuar

Proszek m do prania
pluhur larës

Słodycze
ëmbëlsirat

Artykuły użytku domowego
prodhime shtëpie

Środek czyszczący
produkte pastrimi

Sprzedawczyni
shitëse

Kasa
kasë fiskale

Kasjer
arkëtar

Lista zakupów
listë blerjeje

Godziny otwarcia
oraret e punës

Portfel
portofol

Karta kredytowa
kartë krediti

Torba
çantë

Torebka plastikowa
qese plastike

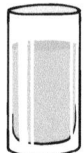

Woda

ujë

Sok

lëng frutash

Mleko

qumësht

Cola

koka-kola

Wino

verë

Piwo

birrë

Alkohol

alkool

Kakao

kakao

Herbata

çaj

Kawa

kafe

Espresso

kafe ekspres

Cappuccino

kapuçino

Banan

banane

Jabłko

mollë

Pomarańcza

portokalle

Arbuz

pjepër

Cytryna

limon

Marchew

karrotë

Czosnek

hudhër

Bambus

bambu

Cebula

qepë

Grzyb

kërpudha

Orzechy

arra

Makaron

makarona

Spaghetti

spageti

Ryż

oriz

Sałatka

sallatë

Frytki

patate të skuqura

Ziemniaki pieczone

patate të skuqura

Pizza

pica

Hamburger

hamburger

Kanapka

sanduiç

Sznycel

shnicel

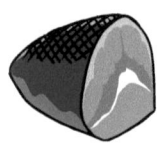

Szynka

proshutë

Salami

sallam

Kiełbasa

salçiçe

Kura

pulë

Pieczeń

skuq

Ryba

peshk

Płatki owsiane

tërshërë

Musli

drithëra

Płatki kukurydziane

kornfleiks

Mąka

miell

Croissant

kruasant

Bułka

panine

Chleb

bukë

Toast

tost

Ciastka

biskotë

Masło

gjalp

Twarożek

gjizë

Ciasto

tortë

Jajko

vezë

Jajko sadzone

vezë sy

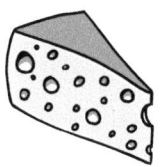

Ser

djathë

Lody

akullore

Cukier

sheqer

Miód

mjaltë

Marmolada

marmaladë

Krem nugatowy

çokokrem

Curry

këri

Gospodarstwo chłopskie
fermë

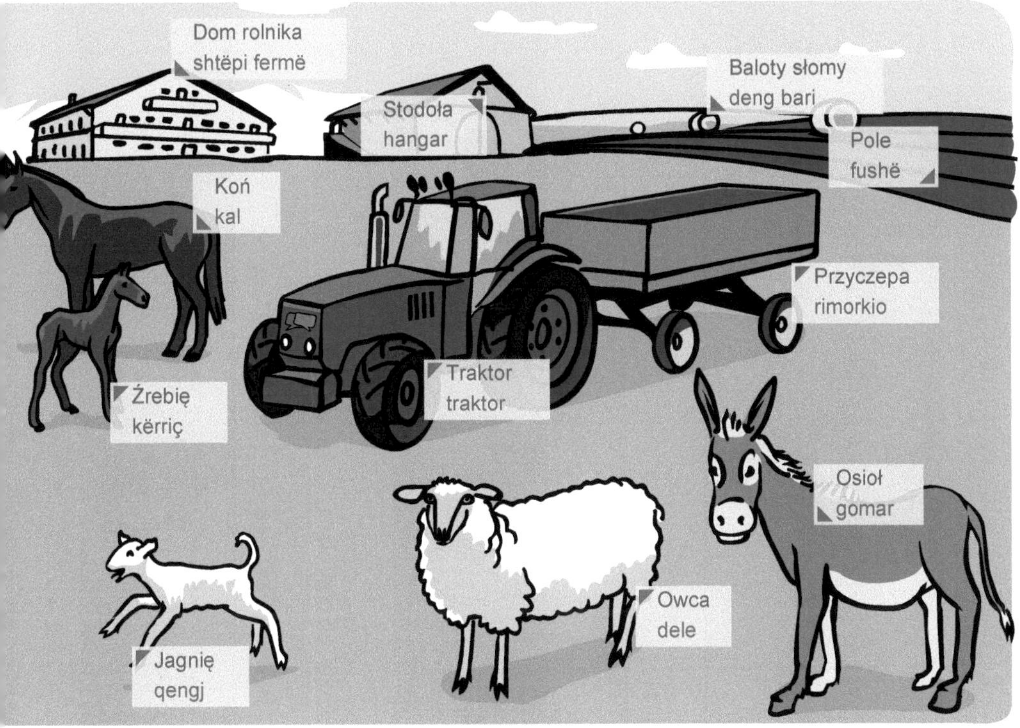
Dom rolnika
shtëpi fermë
Stodoła
hangar
Baloty słomy
deng bari
Pole
fushë
Koń
kal
Przyczepa
rimorkio
Traktor
traktor
Źrebię
kërriç
Osioł
gomar
Owca
dele
Jagnię
qengj

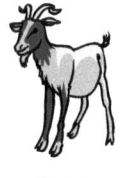

Koza
dhi

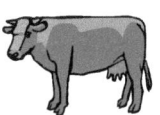

Krowa
lopë

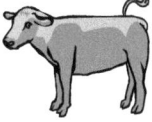

Cielę
viç

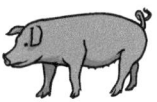

Świnia
derr

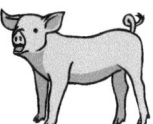

Prosię
derrkuc

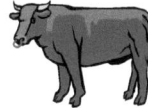

Byk
dem

Gęś
patë

Kaczka
rosë

Kurczątko
zog pule

Kura
pulë

Kogut
gjel

Szczur
mi

Kot
mace

Mysz
mi

Osioł
buall

Pies
qen

Buda dla psa
kolibe qeni

Wąż ogrodowy
zorrë vaditëse

Konewka
vaditëse

Kosa
kosë

Pług
plug

Sierp

drapër

Graca

shat

Widły

kosa

Siekiera

sëpatë

Taczka

karrocë

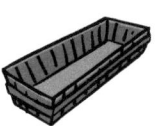

Koryto

govatë

Kanka na mleko

bidon qumështi

Worek

thes

Płot

gardh

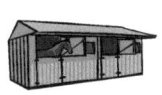

Stajnia

ahur

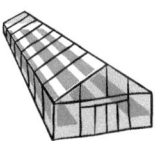

Szklarnia

serë

Ziemia

dhe

Nasiona

farë

Nawóz

pleh

Kombajn zbożowy

autokombanjë

zbierać
....
korr

Żniwa
....
te korrat

Podchrzyn
....
patate e ëmbël "Yam"

Pszenica
....
grurë

Soja
....
soja

Ziemniak
....
patate

Kukurydza
....
misër

Rzepak
....
raps

Drzewo owocowe
....
pemë frutore

Maniok
....
zhardhok manioku

Zboże
....
drithëra

Dom
shtëpi

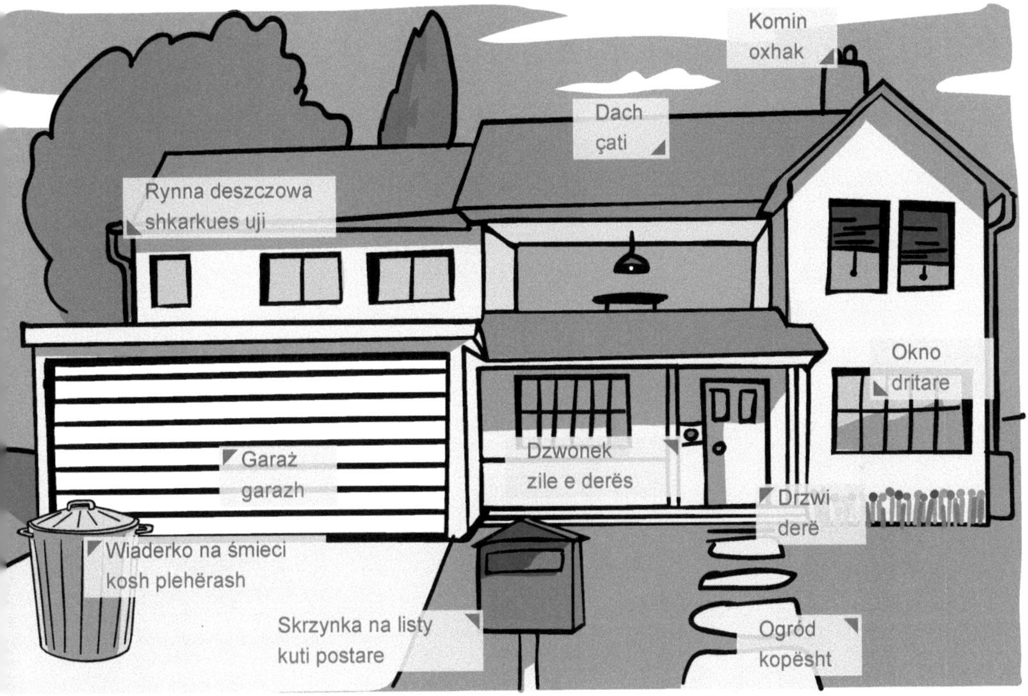

Komin
oxhak
Dach
çati
Rynna deszczowa
shkarkues uji
Okno
dritare
Dzwonek
zile e derës
Garaż
garazh
Drzwi
derë
Wiaderko na śmieci
kosh plehërash
Skrzynka na listy
kuti postare
Ogród
kopësht

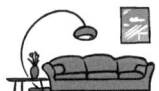

Pokój dzienny

dhomë ndenjeje

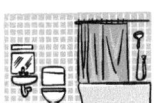

Łazienka

tualet

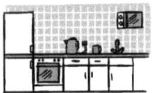

Kuchnia

kuzhinë

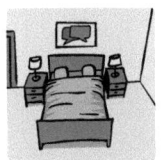

Sypialnia

dhomë gjumi

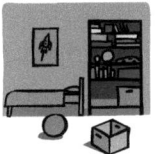

Pokój dziecięcy

dhomë fëmijësh

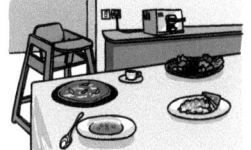

Jadalnia

dhomë ngrënieje

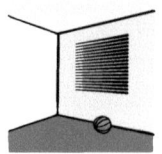

Ziemia

dysheme

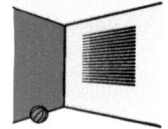

Ściana

mur

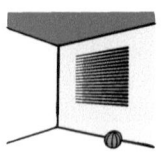

Koc

tavan

Piwnica

bodrum

Sauna

sauna

Balkon

ballkon

Taras

tarracë

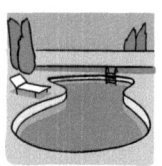

Basen

pishinë

Kosiarka do trawy

kositëse bari

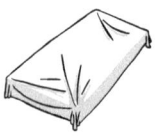

Poszwa

çarçaf

Kołdra

kuvertë

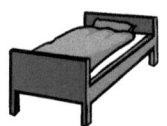

Łóżko

krevat

Miotła

fshesë dore

Wiadro

kovë

Włącznik

çelës

Pokój dzienny
dhomë ndenjeje

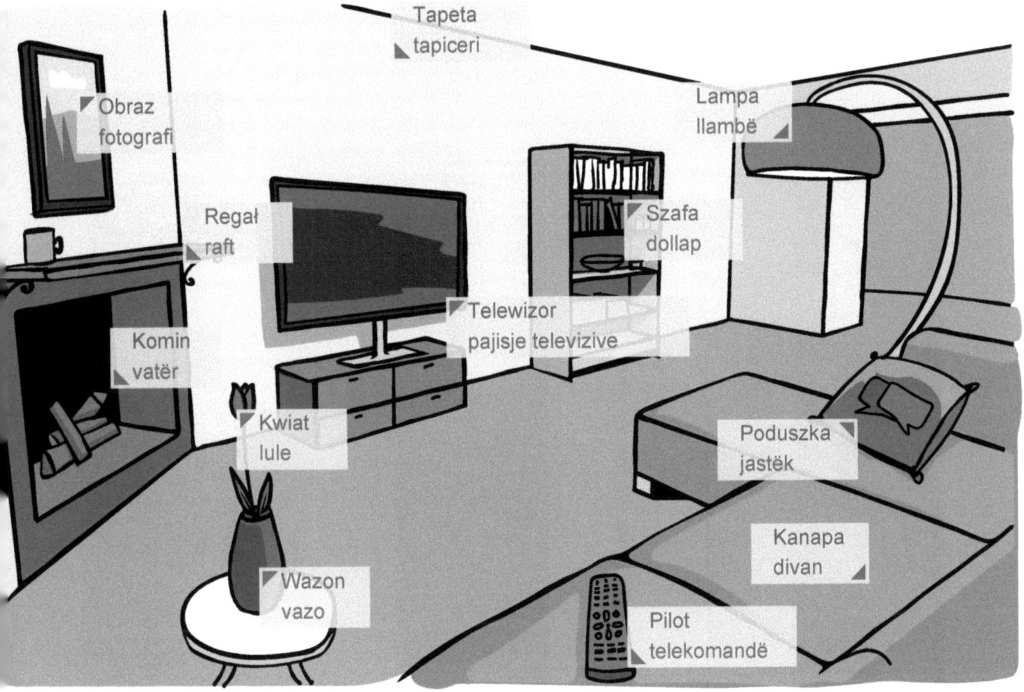

Tapeta
tapiceri

Obraz
fotografi

Lampa
llambë

Regał
raft

Szafa
dollap

Komin
vatër

Telewizor
pajisje televizive

Kwiat
lule

Poduszka
jastëk

Kanapa
divan

Wazon
vazo

Pilot
telekomandë

Dywan

qilim

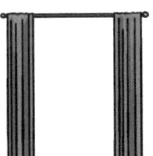

Zasłona

perde

Stół

tavolinë

Krzesło

karrige

Bujak

karrige lëkundëse

Fotel

kolltuk

Książka

libri

Sufit

batanije

Dekoracja

zbukurime

Drewno kominkowe

dru zjarri

Film

film

Instalacja stereo

stereo

Klucz

çelës

Gazeta

gazetë

Malunek

pikturë

Plakat

afishe

Radio

radio

Notatnik

bllok shënimesh

Odkurzacz

fshesë me korent

Kaktus

kaktus

Świeczka

qiri

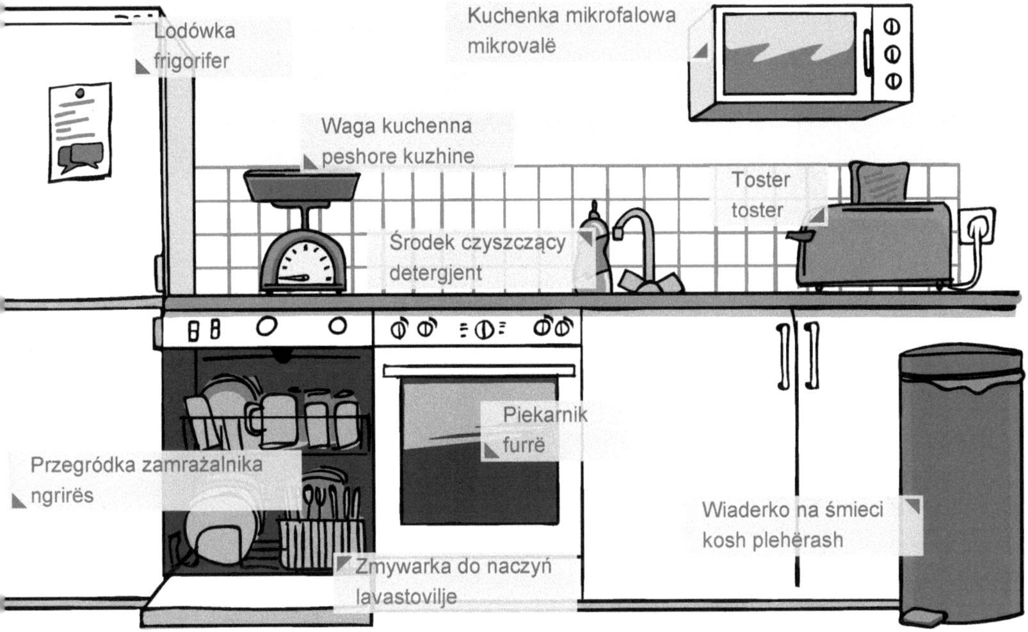

Lodówka
frigorifer

Kuchenka mikrofalowa
mikrovalë

Waga kuchenna
peshore kuzhine

Toster
toster

Środek czyszczący
detergjent

Piekarnik
furrë

Przegródka zamrażalnika
ngrirës

Wiaderko na śmieci
kosh pleherash

Zmywarka do naczyń
lavastovilje

Kuchenka

sobë

Garnek

tenxhere

Kocioł żeliwny

tenxhere me kapak

Wok / Kadai

tigan special (Wok)

Patelnia

tigan

Czajnik

çajnik

Parowar

tenxhere me avull

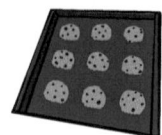

Blacha do pieczenia

tavë pjekjeje

Naczynia kuchenne

enë

Kubek

filxhan

Miska

tas

Pałeczki

shkopinj

Nabierka

garuzhde

Łopatka do smażenia

spatul

Trzepaczka do śmietany

tel kuzhine

Cedzak

kulluese

Sitko

sitë

Tarka

rende

Moździerz

havan

Grillowanie

skarë

Palenisko

zjarr

Deska

dërrasë për prerje

Wałek do ciasta

okllai

Korkociąg

heqëse tapash

Puszka

kanaçe

Otwieracz do puszek

hapëse kanaçeje

Ściereczka do trzymania garnka

rrobë për të kapur tenxheren

Umywalka

lavaman

Szczotka

furçë

Gąbka

sfungjer

Mikser

përzjerës

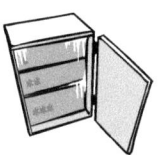

Zamrażarka

ngrirës

Butelka dla niemowlęcia

biberon për lëngje

Kran

rubinet

Łazienka
tualet

Ogrzewanie
ngrohje
Ręcznik
peshqirë
Prysznic
dush
Kotara prysznicowa
perde dushi
Płyn do kąpieli
vaskë me shkumë
Wanna kąpielowa
vaskë
Szklanka
gotë
Pralka
lavatriçe
Kran
rubinet
Kafelki
pllaka
Nocnik
oturak
Umywalka
lavaman

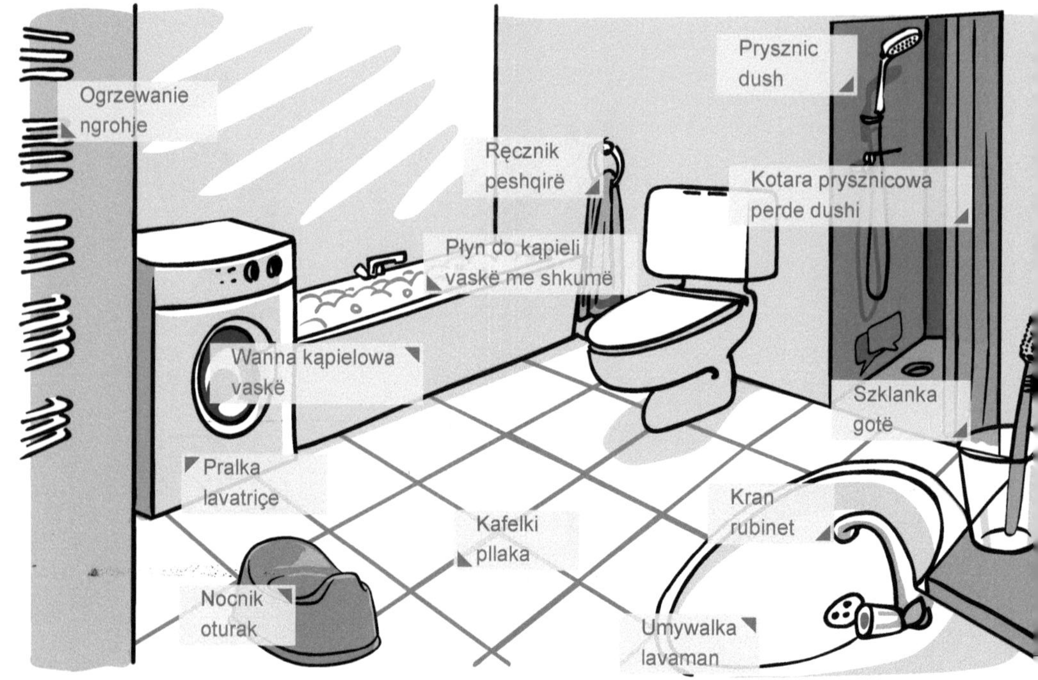

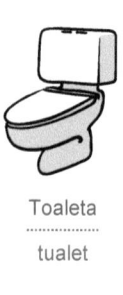

Toaleta
tualet

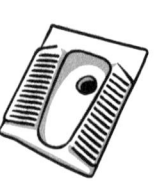

Toaleta kuczna
WC e sheshtë

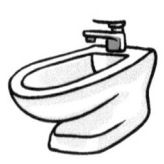

Bidet
bide

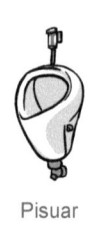

Pisuar
tualet publik

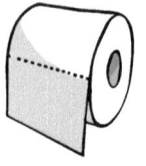

Papier toaletowy
letër higjienike

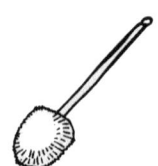

Szczotka toaletowa
furçe për WC

Szczoteczka do zębów

furçë dhëmbësh

Pasta do zębów

pastë dhëmbësh

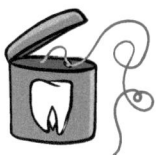

Nitki do czyszczenia zębów

fije dentare

myć

laj

Głowica prysznicowa

dorezë dushi

Płyn kąpielowy do higieny intymnej

larës për zonën intime

Miska do mycia

legen

Szczotka kąpielowa

furçë për masazh shpine

Mydło

sapun

Żel prysznicowy

shampo trupi

Szampon

shampo

Rękawica kąpielowa

leckë pastruese

Odpływ

kullues

Krem

krem

Dezodorant

antidjersë

Lustro

pasqyrë

Lustro kosmetyczne

pasqyrë dore

Golarka

brisk rroje

Pianka do golenia

shkumë rroje

Woda po goleniu

locion pas rrojes

Grzebień

krehër

Szczotka

furçë

Suszarka do włosów

tharëse flokësh

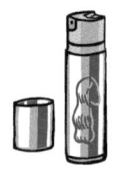

Spray do włosów

llak për flokët

Makijaż

grim

Pomadka

buzëkuq

Lakier do paznokci

manikyr

Wata

mbushje pambuku

Nożyczki do paznokci

gërshërë për thonj

Perfum

parfum

Kosmetyczka
çantë për sendet personale

Taboret
Stol

Waga
peshore

Szlafrok kąpielowy
robëdëshambër

Rękawice gumowe
dorashka gome

Tampon
tampon

Podpaska damska
peceta higjienike

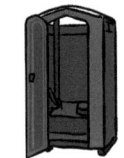

Toaleta chemiczna
tualet I lëvizshëm

Pokój dziecięcy
dhomë fëmijësh

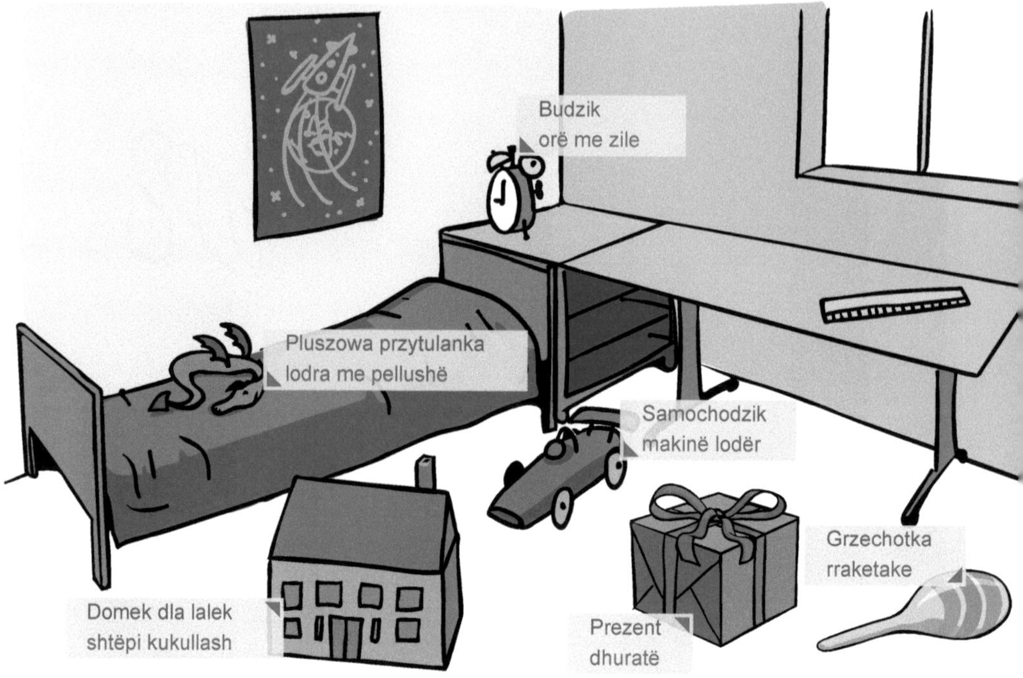
Budzik
orë me zile
Pluszowa przytulanka
lodra me pellushë
Samochodzik
makinë lodër
Grzechotka
rraketake
Domek dla lalek
shtëpi kukullash
Prezent
dhuratë

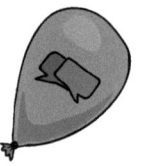

Balon
tollumbace

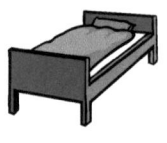

Łóżko
krevat

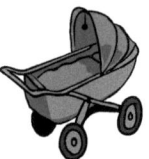

Wózek dziecięcy
karrocë fëmijësh

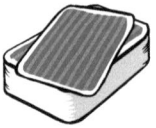

Gra w karty
lojë me letra

Puzzle
bashkim pjesësh me figura

SUPER MEGA

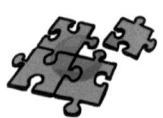

Komiks
komik

Klocki lego

formuese lodër

Klocki

kuba plastikë

Action figura

lodra

Śpioszek dziecięcy

badi

Frisbee

frizbi

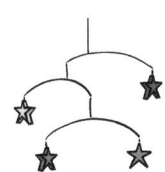

Zabawki ruchome

lodra të varura tek krevati i fëmijëve

Gra planszowa

tavolinë lojërash

Kości

zare

Kolejka elektryczna

model treni

Smoczek

biberon

Przyjęcie

festë

Książka z ilustracjami

libër me ilustrime

Piłka

top

Lalka

kukull

bawić się

luaj

Piaskownica

grumbull rëre

Huśtawka

kolovarëse

Zabawki

lodra

Konsola do gier

leva për lojra video

Rowerek trójkołowy

triçikël

Pluszowy miś

arush prej pellushi

Szafa ubraniowa

garderobë

Ubiór

veshje

Skarpety

çorape

Pończochy

çorape të gjata

Rajstopy

geta

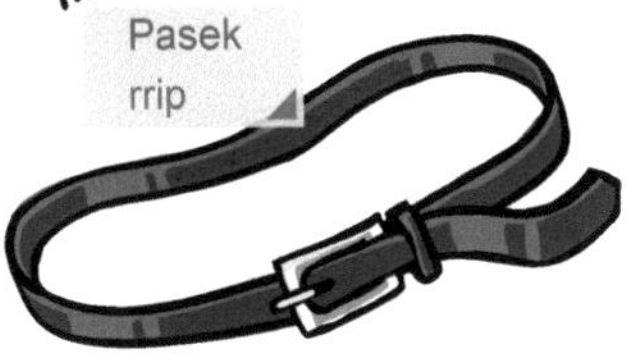

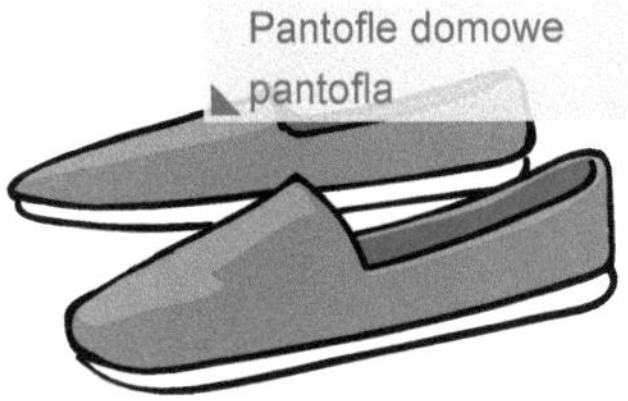

Szal
shall

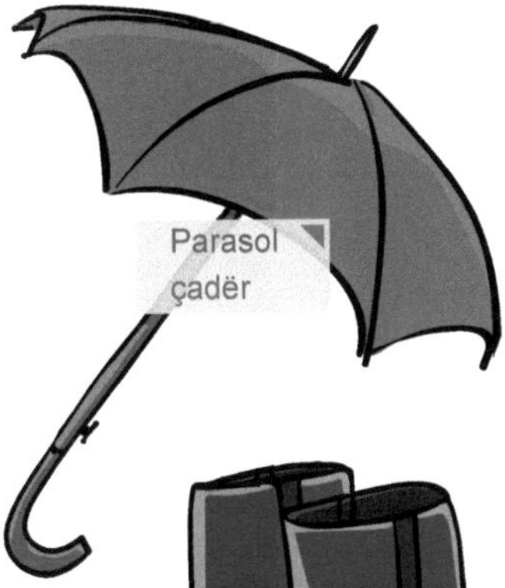

Parasol
çadër

Pasek
rrip

T-Shirt
bluzë pa jakë

Kozaki
çizme

Pantofle domowe
pantofla

Obuwie sportowe
atlete

Sandały
sandale

Buty
këpucë

Kalosze
çizme llastiku

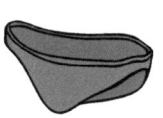

Majtki
të mbathura

Biustonosz
reçipeta

Podkoszulek
kanotierë

Body

trup

Spodnie

pantallona

Dżins

xhinse

Spódnica

fund

Bluzka

bluzë

Koszula

këmishë

Pulower

pulovër

Bluza sportowa

triko

Marynarka

xhaketë

Kurtka

xhaketë

Płaszcz

pallto

Płaszcz przeciwdeszczowy

mushama shiu

Kostium

kostum

Sukienka

fustan

Suknia ślubna

fustan nusërie

Garnitur męski

kostum

Koszula nocna

këmishë nate

Piżama

pizhama

Sari

sari (veshje tradicionale indiane)

Chusta na głowę

shami koke

Turban

çallmë

Burka

weshje për femrat e besimit musliman

Kaftan

kaftan (lloj veshjeje tradicionale)

Abaya

ferexhe

Strój kąpielowy

kostum banje

Kąpielówki

rroba banje

Krótkie spodnie

pantallona të shkurtra

Dres sportowy

tuta sporti

Fartuch

përparëse

Rękawiczki

dorashka

Guzik

kopsë

Okulary

syze

Bransoletka

byzylyk

Łańcuszek

gjerdan

Pierścionek

unazë

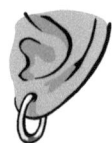

Kolczyk

vath

Czapka

kapuç

Wieszak

varëse për pallto

Kapelusz

kapele

Krawat

kravatë

Zamek błyskawiczny

zinxhir

Kask

helmetë

Szelki

tiranda

Mundurek szkolny

uniformë shkolle

Mundur

uniformë

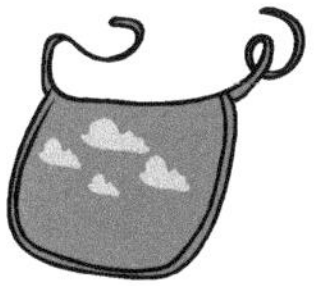

Śliniaczek

gushore

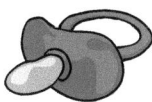

Smoczek

biberon

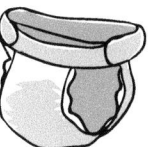

Pieluszka

pelenë

Biuro
zyrë

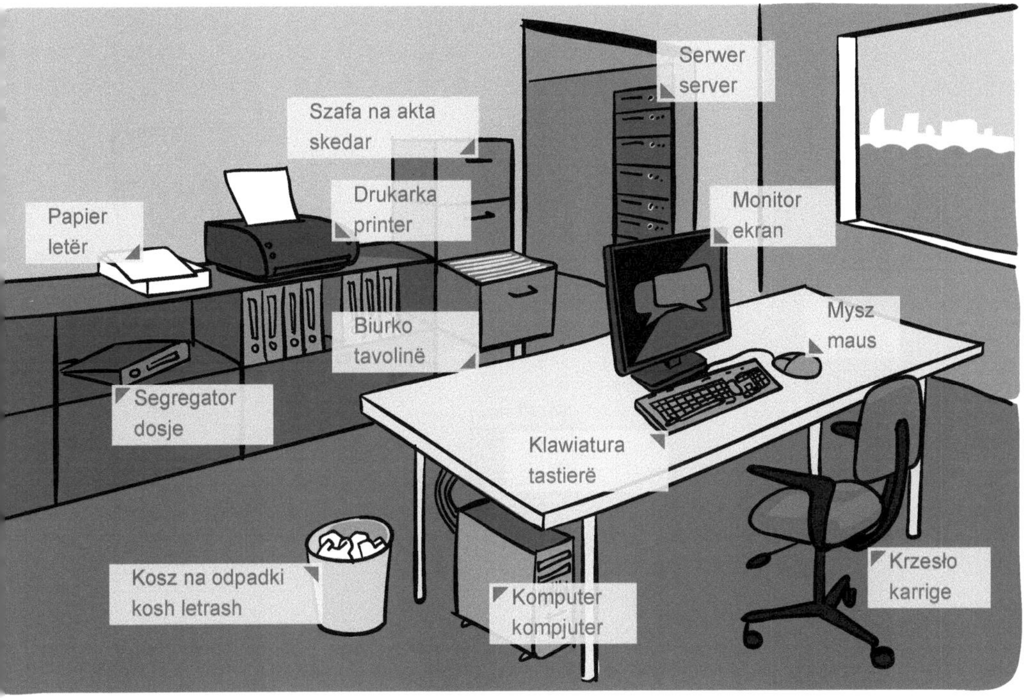

Serwer
server
Szafa na akta
skedar
Papier
letër
Drukarka
printer
Monitor
ekran
Mysz
maus
Biurko
tavolinë
Segregator
dosje
Klawiatura
tastierë
Kosz na odpadki
kosh letrash
Komputer
kompjuter
Krzesło
karrige

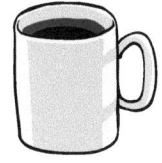

Filiżanka do kawy

filxhan kafeje

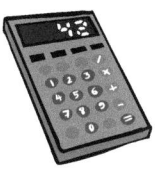

Kalkulator

makinë llogaritëse

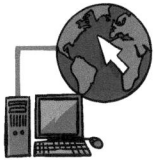

Internet

internet

Laptop

kompjuter portativ

List

letër

Wiadomość

mesazh

Komórka

telefon

Sieć

rrjet

Kopiarka

fotokopje

Oprogramowanie

program

Telefon

telefon

Gniazdko

prizë

Faks

pajisje faksi

Formularz

formular

Dokument

dokument

kupić

blej

płacić

paguaj

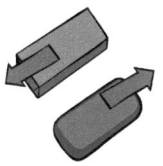

postępować

tregtoj

Pieniądze

para

Dolar

dollar

Euro

euro

Jen

jen

Rubel

rubla

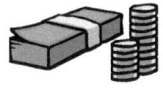

Frank

franga zvicerane

Juan Renminbi

juani kinez

Rupia

rupje

Bankomat

bankomat

Kantor wymiany walut

pikë këmbimi valutor

Złoto

ar

Srebro

argjend

Olej

nafta

Energia

energji

Cena

çmim

Umowa

kontratë

Podatek

taksë

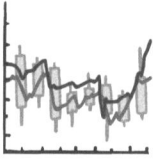

Akcja

aksione

pracować

punoj

Pracownik umysłowy

punonjës

Pracodawca

punëdhënës

Fabryka

fabrikë

Sklep

dyqan

Zawody
profesionet

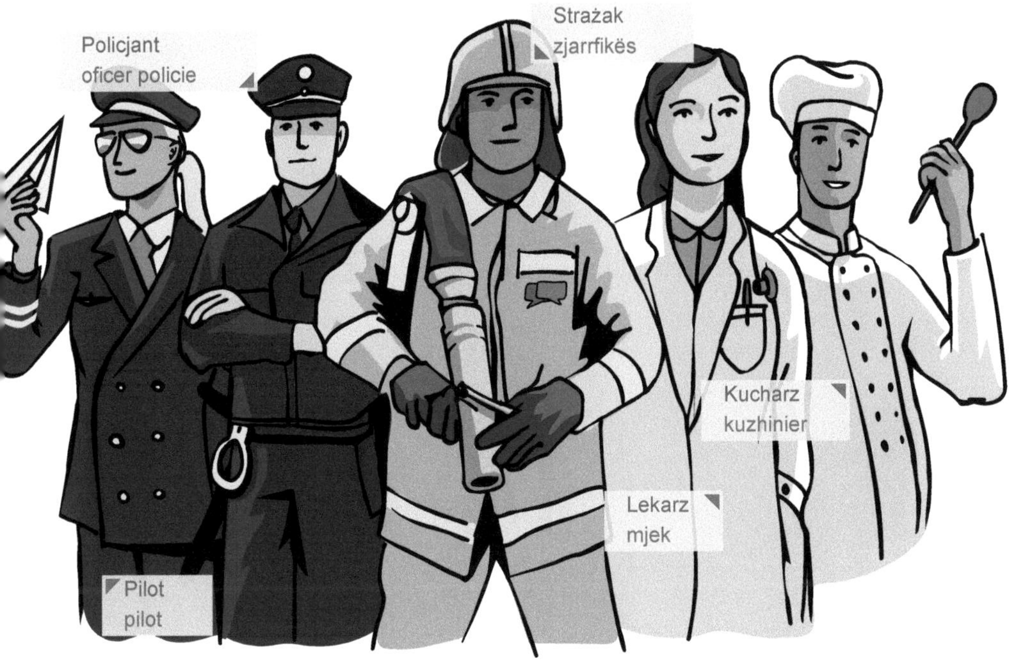

Policjant
oficer policie
Strażak
zjarrfikës
Kucharz
kuzhinier
Lekarz
mjek
Pilot
pilot

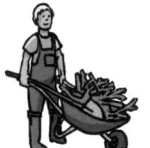

Ogrodnik

kopshtar

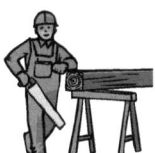

Stolarz

marangoz

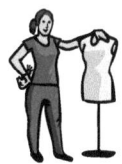

Krawcowa

rrobaqepëse

Sędzia

gjykatës

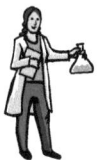

Chemik

kimist

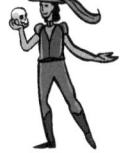

Aktor

aktor

Kierowca autobusu	Taksówkarz	Fischer
shofer autobuzi	taksist	peshkatar

Sprzątaczka	Dekarz	Kelner
pastruese	riparues çatish	kamarier

Myśliwy	Malarz	Piekarz
gjuetar	piktor	furrxhi

Elektryk	Robotnik budowlany	Inżynier
elektriçist	ndërtues	inxhinier

Rzeźnik	Instalator	Listonosz
kasap	hidraulik	postieri

Żołnierz

ushtar

Architekt

arkitekt

Kasjer

arkëtar

Florysta

luleshitës

Fryzjer

berber

Konduktor

kontrollor

Mechanik

mekanik

Kapitan

kapiten

Dentysta

dentist

Naukowiec

shkencëtar

Rabin

rabin

Imam

imam

Mnich

murg

Proboszcz

klerik

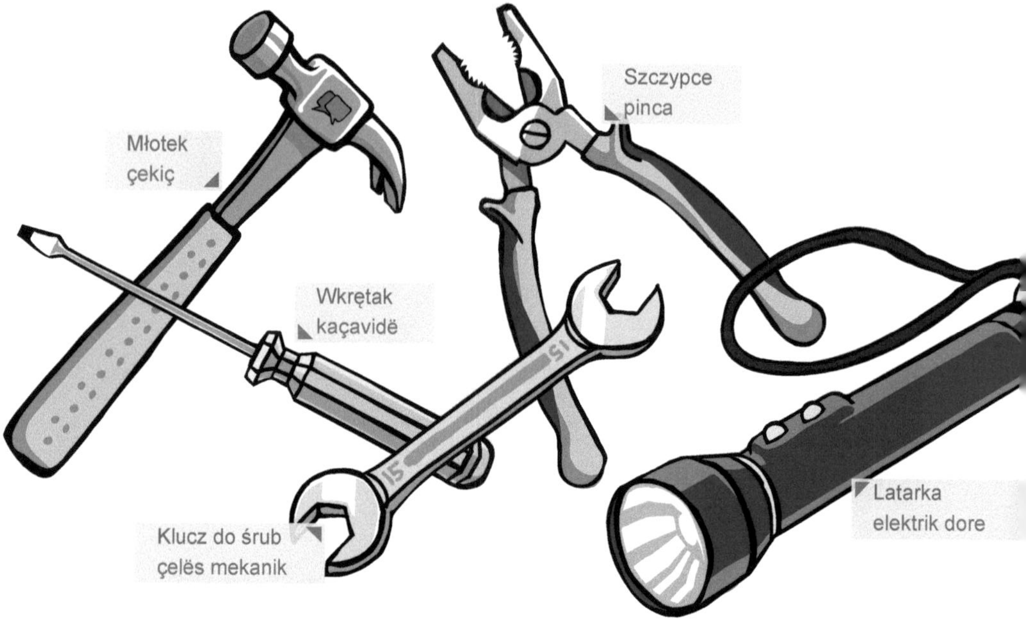

Młotek
çekiç

Szczypce
pinca

Wkrętak
kaçavidë

Klucz do śrub
çelës mekanik

Latarka
elektrik dore

Koparka
ekskavator

Skrzynka narzędziowa
kuti veglash

Drabina
shkallë

Piła
sharrë

Gwoździe
gozhdë

Wiertło
trapan

naprawić
....
riparoj

Łopatka
....
lopatë

Cholera!
....
Dreq!

Szufelka
....
kaci

Puszka z farbą
....
kuti boje

Śruby
....
vidhë

Instrumenty muzyczne
instrumenta muzikorë

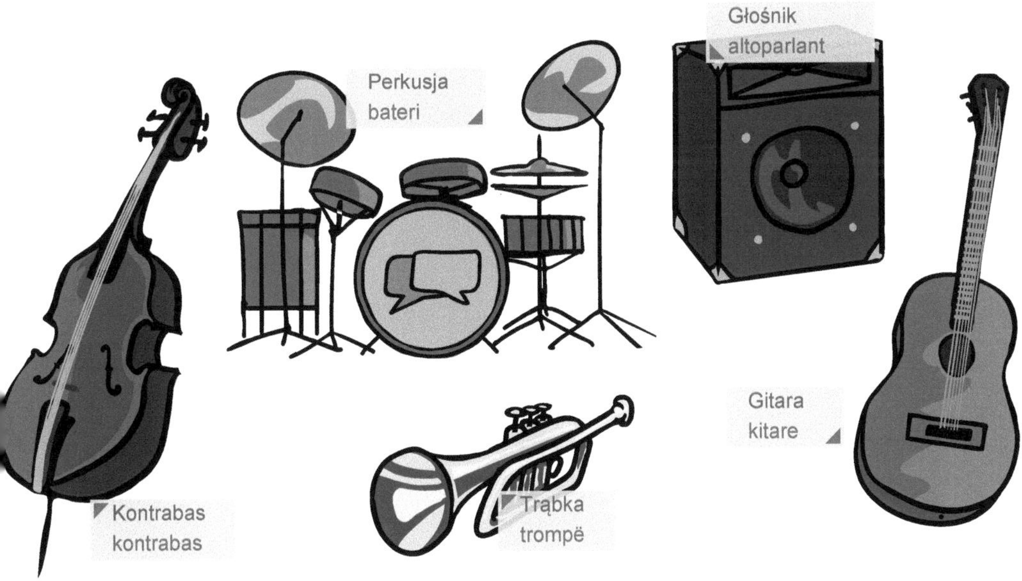

Perkusja
bateri

Głośnik
altoparlant

Gitara
kitare

Kontrabas
kontrabas

Trąbka
trompë

Pianino

piano

Skrzypce

violinë

Bas

bas

Kotły

tamburë

Bęben

daulle

Keyboard

tastierë pianoje

Saksofon

saksofon

Flet

flaut

Mikrofon

mikrofon

Zoo
kopsht zoologjik

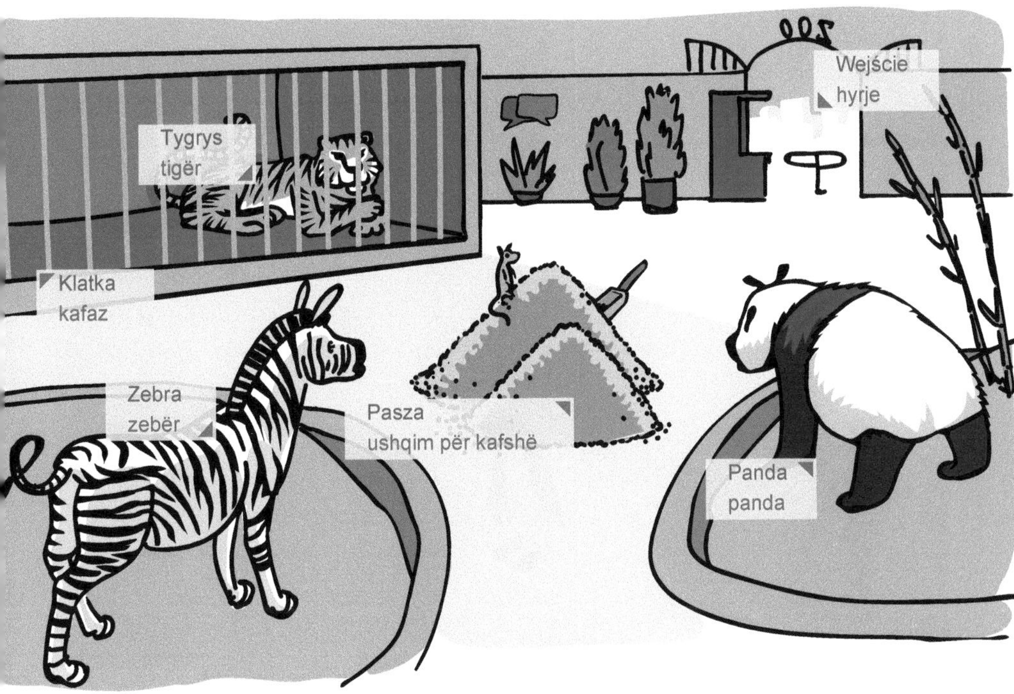
Tygrys
tigër
Wejście
hyrje
Klatka
kafaz
Zebra
zebër
Pasza
ushqim për kafshë
Panda
panda

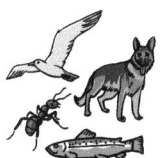

Zwierzęta

kafshë

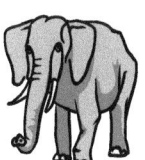

Słoń

elefant

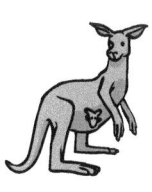

Kangur

kangur

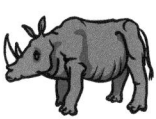

Nosorożec

rinoceront

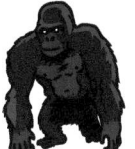

Goryl

gorillë

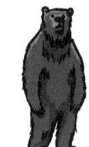

Niedźwiedź

ari

Wielbłąd

deve

Struś

struc

Lew

luan

Małpa

majmun

Fleming

flamingo

Papuga

papagall

Niedźwiedź polarny

ari polar

Pingwin

pinguin

Rekin

peshkaqen

Paw

pallua

Wąż

gjarpër

Krokodyl

krokodil

Dozorca w zoo

punonjës i kopshtit zoologjik

Foka

fokë

Jaguar

xhaguar

Kucyk

poni

Gepard

leopard

Hipopotam

hipopotam

Żyrafa

gjirafë

Orzeł

shqiponjë

Dzik

derr i egër

Ryba

peshk

Żółw

breshkë

Mors

lopë deti

Lis

dhelpër

Gazela

gazelë

Futbol amerykański
futboll amerikan

Kolarstwo
çiklizëm

Tenis
tenis

Koszykówka
basketboll

Pływanie
not

Boks
boks

Hokej na lodzie
hokej mbi akull

Piłka nożna
futboll

Badminton
badminton

Lekka atletyka
atletikë

Piłka ręczna
hendboll

Narciarstwo
ski

Polo
polo

Działania
aktivitet

skakać
hidhem
objąć
përqafoj
śmiać się
qesh
iść
eci
śpiewać
këndoj
marzyć
ëndërroj
modlić się
lutem
całować
puth

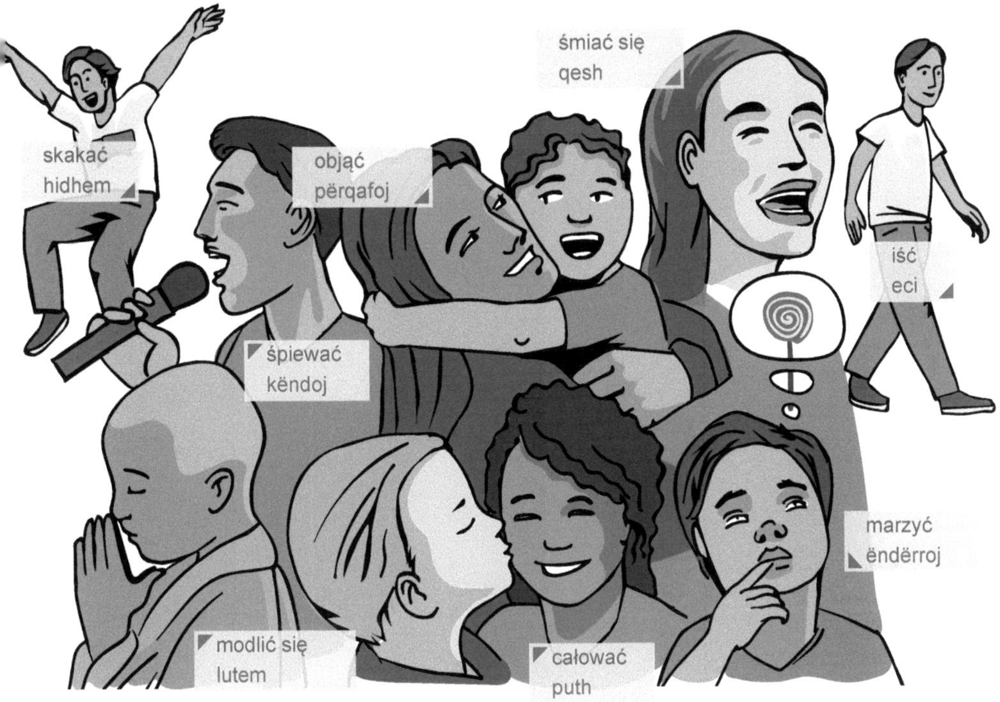

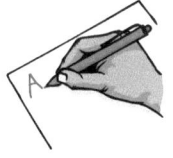

pisać
shkruaj

rysować
vizatoj

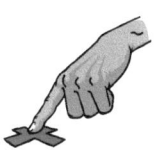

pokazywać
tregoj

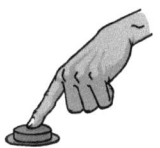

nacisnąć
shtyj

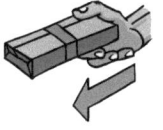

dać
jap

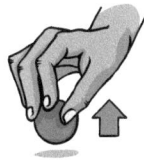

wziąć
marr

mieć
....
kam

robić
....
bëj

być
....
jam

stać
....
qëndroj

biegać
....
vrapoj

ciągnąć
....
tërheq

rzucać
....
hedh

spaść
....
bie

leżeć
....
shtrihem

czekać
....
pres

nosić
....
mbaj

siedzieć
....
ulem

zakładać
....
vishem

spać
....
fle

budzić się
....
zgjohem

spojrzeć

shikoj

płakać

qaj

głaskać

përkëdhel

czesać się

kreh

mówić

bisedoj

rozumieć

kuptoj

pytać

kërkoj

słyszeć

dëgjoj

pić

pi

jeść

ha

sprzątać

sistemoj

kochać

dashuroj

gotować

gatuaj

jechać

drejtoj makinën

latać

fluturoj

żeglować

lundroj

liczyć

llogaris

czytać

lexoj

uczyć się

mësoj

pracować

punoj

wejść w związek małżeński

martohem

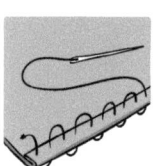

szyć

qep

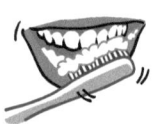

myć zęby

laj dhëmbët

zabić

vras

palić tytoń

tymos

wysłać

dërgoj

Rodzina
familje

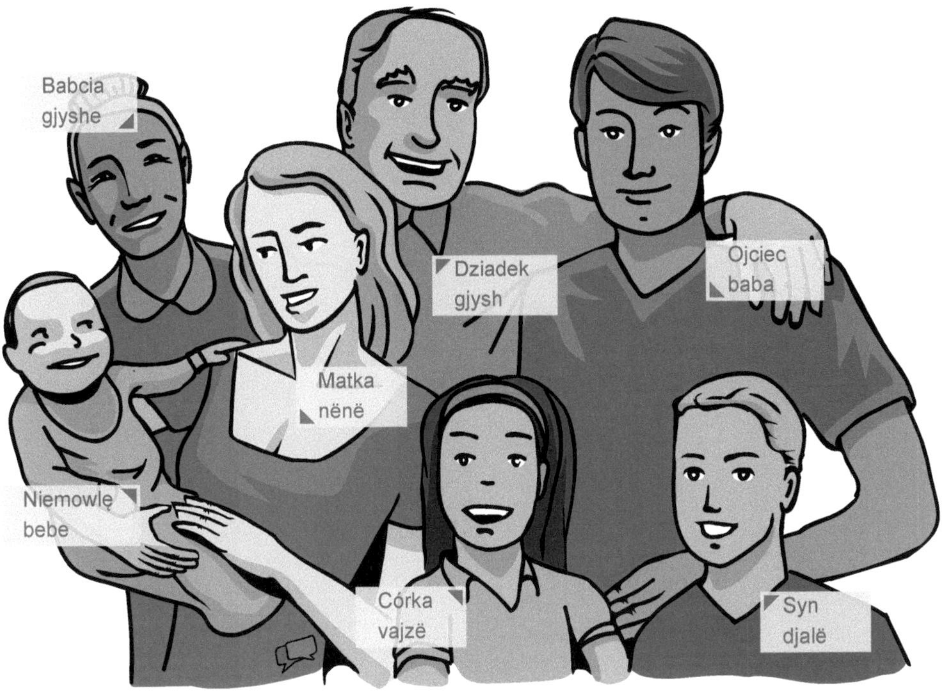
Babcia
gjyshe
Dziadek
gjysh
Ojciec
baba
Matka
nënë
Niemowlę
bebe
Córka
vajzë
Syn
djalë

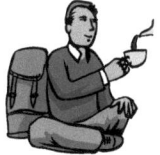

Gość
mysafir

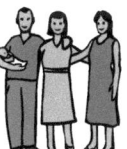

Ciotka
teze, hallë

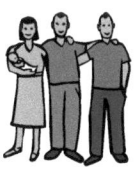

Wujek
dajë, xhaxha

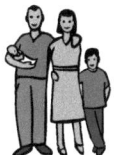

Brat
vëlla

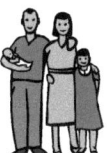

Siostra
motër

Ciało
trupi

Czoło
balli
Oko
syri
Ramię
shpatulla
Palec
gishti
Twarz
fytyra
Broda
mjekra
Ręka
dora
Noga
këmba
Pierś
krahërori
Ramię
krahu

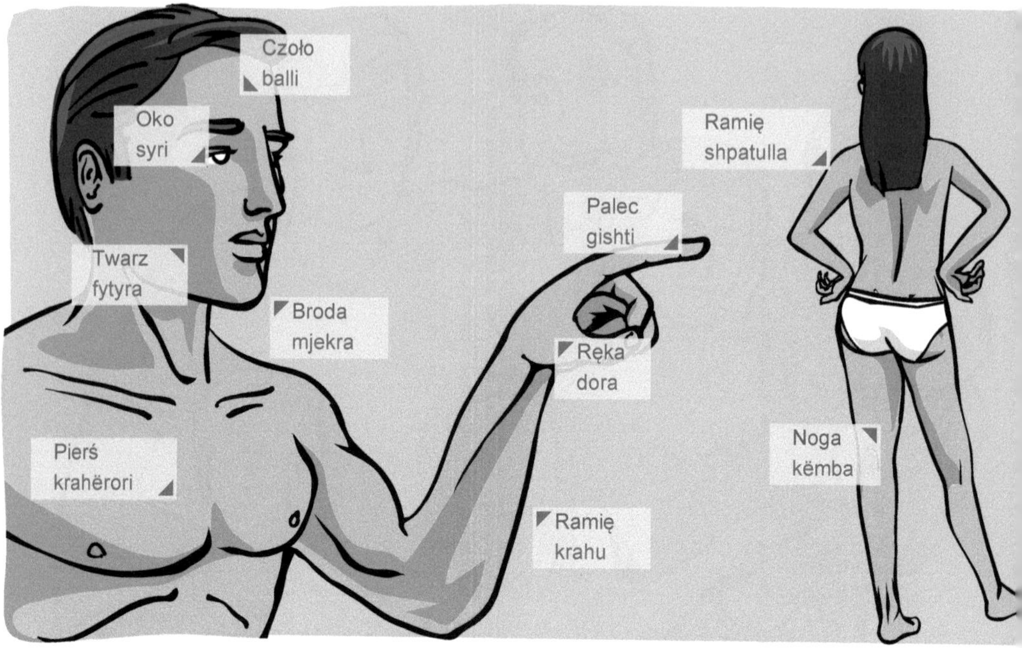

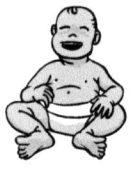

Niemowlę
bebe

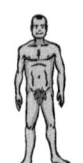

Mężczyzna
burrë

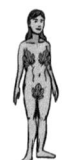

Kobieta
grua

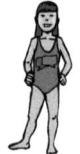

Dziewczyna
vajzë

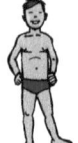

Chłopiec
djalë

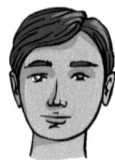

Głowa
koka

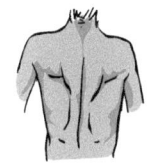

Plecy

shpina

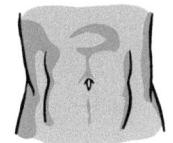

Brzuch

barku

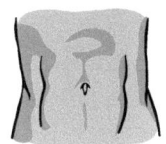

Pępek

kërthiza

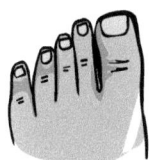

palec nogi

gisht këmbe

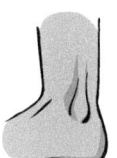

Pięta

Thembra

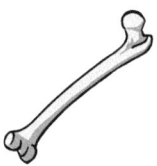

Kość

kockë

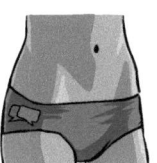

Biodro

legeni

Kolano

gjuri

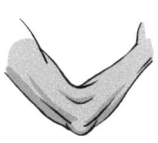

Łokieć

bërryli

Nos

hunda

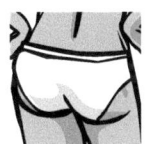

Pośladki

vithe

Skóra

lëkura

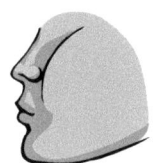

Policzek

faqja

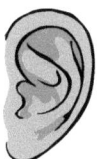

Uszy

veshi

Warga

buza

Ciało - trupi

Usta

goja

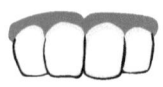

Ząb

dhëmbët

Język

gjuha

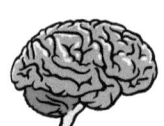

Mózg

truri

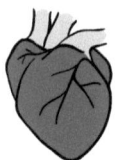

Serce

zemra

Mięsień

muskul

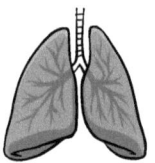

Płuca

mushkëria

Wątroba

mëlçia

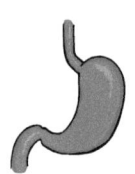

Żołądek

stomaku

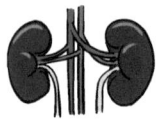

Nerki

veshka

Stosunek płciowy

seks

Kondom

prezervativ

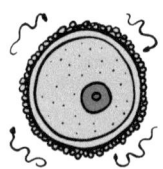

Komórka jajowa

veza

Sperma

sperma

Ciąża

shtatëzani

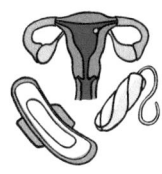

Menstruacja

menstruacione

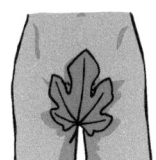

Wagina

vagina

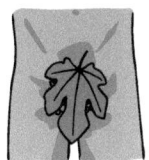

Penis

penis

Brew

vetulla

Włosy

flokët

Szyja

qafa

Szpital
spital

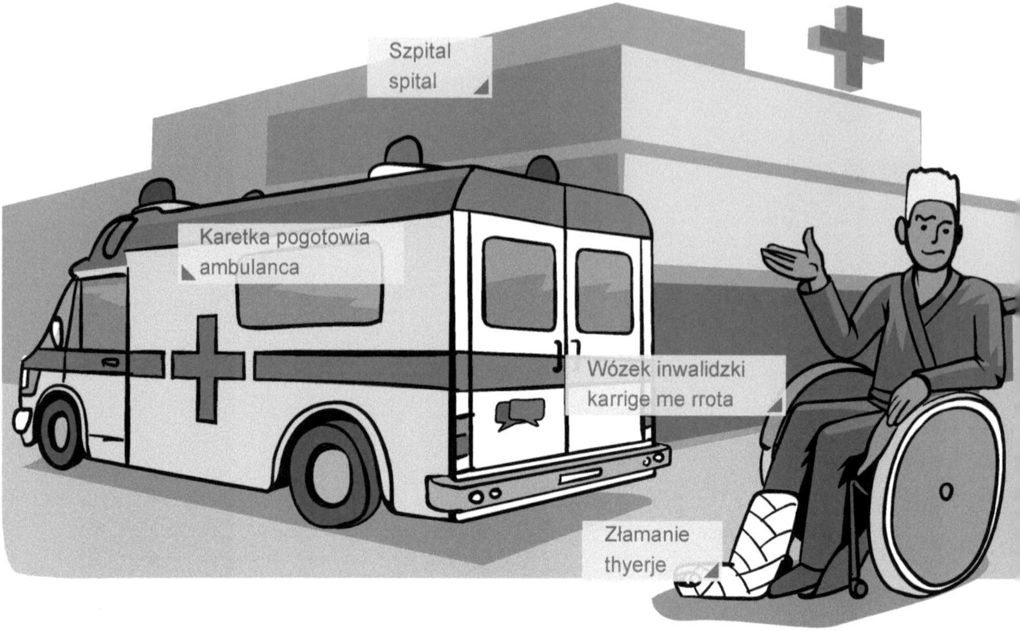

Szpital
spital
Karetka pogotowia
ambulanca
Wózek inwalidzki
karrige me rrota
Złamanie
thyerje

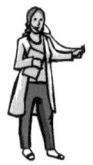

Lekarz

mjek

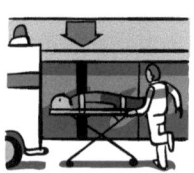

Izba przyjęć

sallë urgjencash

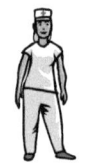

Pielęgniarka

infermiere

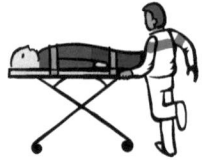

Nagły przypadek

emergjencë

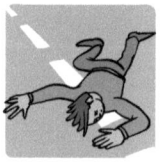

nieprzytomny

i pandërgjegjshëm

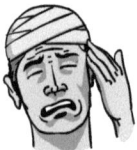

Ból

dhimbje

	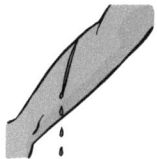	
Skaleczenie	Krwawienie	Zawał serca
dëmtim	gjakosje	infarkt

Udar mózgu	Alergia	Kaszleć
goditje	alergji	kolla

Gorączka	Grypa	Biegunka
ethe	grip	diarre
	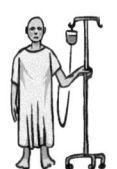	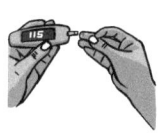
Ból głowy	Rak	Cukrzyca
dhimbje koke	kancer	diabet

Chirurg	Skalpel	Operacja
kirurg	bisturi	operacion

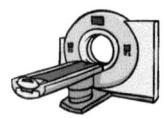

CT

CT (skaner)

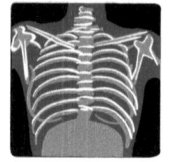

Rentgen

radiografi

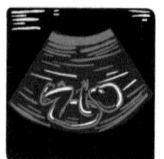

Ultradźwięki

ultratingull

Maska

maskë fytyre

Choroba

sëmundje

Poczekalnia

dhomë pritjeje

Kula

paterica

Plaster

leukoplast

Opatrunek

fasho

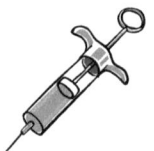

Iniekcja

injeksion

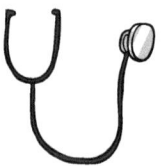

Stetoskop

stetoskop

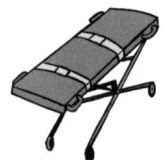

Nosze

barelë

Termometr

termometër

Poród

lindje

Nadwaga

mbipeshë

Aparat słuchowy

aparat dëgjimi

Środek dezynfekcyjny

dezinfektant

Infekcja

infeksion

Wirus

virus

HIV / AIDS

HIV / AIDS

Medycyna

mjekësi, mjekim

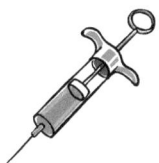

Szczepienie

vaksinim

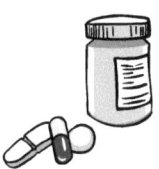

Tabletki

tableta

Pigułka

pilulë

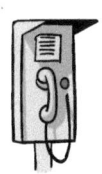

Telefon ratunkowy

telefonatë emergjence

Ciśnieniomierz krwi

aparat tensioni

chory / zdrowy

i sëmurë / i shëndetshëm

Pomocy!

Ndihmë!

Alarm

alarm

Napad

sulm

Atak

atak

Niebezpieczeństwo

rrezik

Wyjście awaryjne

dalje emergjence

Pożar!

Zjarr!

Gaśnica

fikëse zjarri

Wypadek

aksident

Walizeczka pierwszej pomocy

kuti e ndimës së shpejtë

SOS

SOS

Policja

policia

Europa

Europa

Ameryka Północna

Amerika e Veriut

Ameryka Południowa

Amerika e Jugut

Afryka

Afrika

Azja

Azia

Australia

Australia

Atlantyk

Atlantiku

Pacyfik

Paqësori

Ocean Indyjski

Oqeani Indian

Ocean Antarktyczny

Oqeani Antarktik

Ocean Arktyczny

Oqeani Arktik

Biegun północny

Poli i veriut

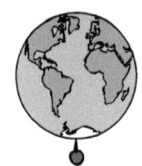

Biegun południowy

Poli i Jugut

Antarktyda

Antarktida

Ziemia

toka

Kraj

tokë

Morze

det

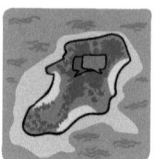

Wyspa

ishull

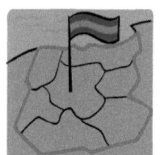

Naród

komb

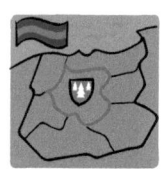

Państwo

shtet

Cyferblat

fusha e orës

Wskazówka godzinowa

akrepi i orës

Wskazówka minutowa

akrepi i minutave

Wskazówka sekundowa

akrepi i sekondave

Która godzina?

Sa është ora?

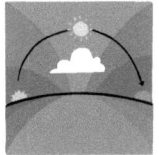

Dzień

ditë

Czas

kohë

teraz

tani

Zegarek digitalny

orë dixhitale

Minuta

minutë

Godzina

orë

Tydzień
javë

Poniedziałek
e hënë

Środa
e mërkurë

Piątek
e premte

MO

W

TU

TH

FR

SA

SO

Wtorek
e martë

Sobota
e shtunë

Czwartek
e enjte

Niedziela
e diel

wczoraj
....
dje

dzisiaj
....
sot

jutro
....
nesër

Rano
....
mëngjes

Południe
....
mesditë

Wieczór
....
mbrëmje

Dni robocze
....
ditë pune

Weekend
....
fundjavë

Rok
vit

Deszcz
shi
Tęcza
ylber
Wiatr
erë
Śnieg
borë
Wiosna
pranverë
Jesień
vjeshtë
Lato
verë
Zima
dimër

4.APRIL 11°
5.APRIL 4°
6.APRIL 13°
7.APRIL 8°
8.APRIL 10°

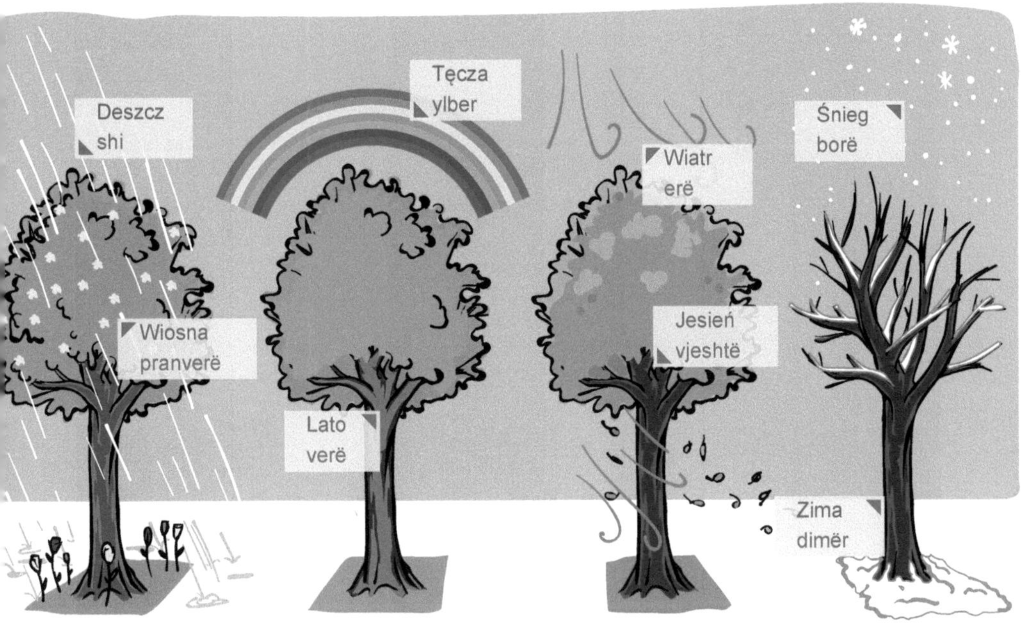

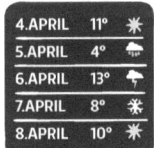

Prognoza pogody

parashikimi i motit

F C
120 90 60 30 0 -30
40 30 20 10 0 -10 -20

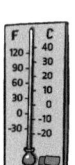

Termometr

termometër

Światło słoneczne

ndriçim dielli

Chmura

re

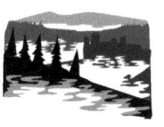

Mgła

mjegull

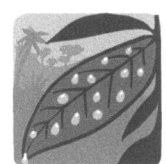

Wilgotność powietrza

lagështi

Błyskawica

vetëtima

Grzmot

gjëmim

Sztorm

stuhi

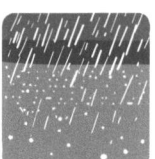

Grad

breshër

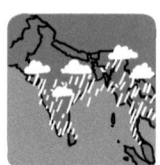

Monsun

muson

Potop

përmbytje

Lód

akull

Styczeń

janar

Luty

shkurt

Marzec

mars

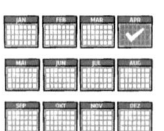

Kwiecień

prill

Maj

maj

Czerwiec

qershor

Lipiec

korrik

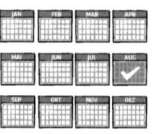

Sierpień

gusht

Wrzesień
....
shtator

Październik
....
tetor

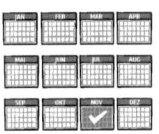

Listopad
....
nëntor

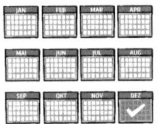

Grudzień
....
dhjetor

Kształty
forma

Koło
....
rreth

Kwadrat
....
katror

Prostokąt
....
drejtkëndësh

Trójkąt
....
trekëndësh

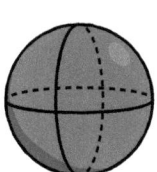

Kula
....
sferë

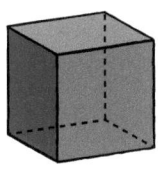

Sześcian
....
kub

biały
....
e bardhë

żółty
....
e verdhë

pomarańczowy
....
portokalli

różowy
....
rozë

czerwony
....
e kuqe

liliowy
....
vjollcë

niebieski
....
blu

zielony
....
e gjelbër

brązowy
....
kafe

szary
....
gri

czarny
....
e zezë

dużo / mało

shumë / pak

wściekły / spokojny

i nevrikosur / i qetë

piękny / brzydki

i bukur / i shëmtuar

początek / koniec

fillim / fund

duży / mały

i madh / i vogël

jasny / ciemny

i ndritshëm / i errët

brat / siostra

vëlla / motër

czysty / brudny

e pastër / e pistë

kompletny / niekompletny

e plotë / jo e plotë

dzień / noc

ditë / natë

umarły / żywy

gjallë / vdekur

szeroki / wąski

i gjerë / i ngushtë

jadalny / niejadalny

i ngrënshëm / i pangrënshëm

zły / uprzejmy

i keq / i këndshëm

podniecony / znudzony

i lumtur / i mërzitur

gruby / chudy

i shëndoshë / i dobët

najpierw / na końcu

e para / e fundit

przyjaciel / wróg

mik / armik

pełen / pusty

plot / bosh

twardy / miękki

e fortë / e butë

ciężki / lekki

e rëndë / e lehtë

głód / pragnienie

uri / etje

chory / zdrowy

i sëmurë / i shëndetshëm

nielegalny / legalny

e paligjshme / e ligjshme

inteligentny / głupi

i zgjuar / budalla

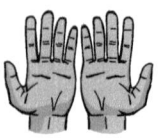

lewo / prawo

majtas / djathtas

bliski / daleki

afër / larg

nowy / używany

e re / e përdorur

nic / coś

asgjë / diçka

stary / młody

i moshuar / i ri

włącz / wyłącz

ndezur / fikur

otwarty / zamknięty

hapur / mbyllur

cichy / głośny

i qetë / i zhurmshëm

bogaty / biedny

i pasur / i varfër

prawidłowy / błędny

e drejtë / e gabuar

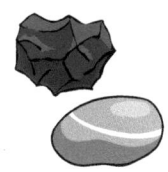

chropowaty / gładki

i ashpër / i butë

smutny / szczęśliwy

i mërzitur / i lumtur

krótki / długi

i shkurtër / i gjatë

powolny / szybki

ngadalë / shpejt

mokry/suchy

i lagësht / i thatë

ciepły / chłodny

ngrohtë / freskët

wojna / pokój

luftë / paqe

0	**1**	**2**
zero	jeden	dwa
zero	një	dy

3	**4**	**5**
trzy	cztery	pięć
tre	katër	pesë

6	**7**	**8**
sześć	siedem	osiem
gjashtë	shtatë	tetë

9	**10**	**11**
dziewięć	dziesięć	jedenaście
nentë	dhjetë	njëmbëdhjetë

12

dwanaście

dymbëdhjetë

13

trzynaście

trembëdhjetë

14

czternaście

katërmbëdhjetë

15

piętnaście

pesëmbëdhjetë

16

szesnaście

gjashtëmbëdhjetë

17

siedemnaście

shtatëmbëdhjetë

18

osiemnaście

tetëmbëdhjetë

19

dziewiętnaście

nentëmbëdhjetë

20

dwadzieścia

njëzetë

100

sto

qind

1.000

tysiąc

mijë

1.000.000

milion

milion

Angielski

anglisht

Angielski amerykański

anglishte amerikane

Chiński mandaryński

kinezisht mandarin

Hindi

hindi

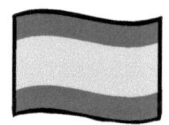

Hiszpański

spanjisht

Francuski

frëngjisht

Arabski

arabisht

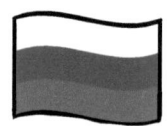

Rosyjski

rusisht

Portugalski

portugalisht

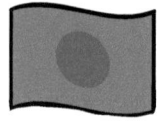

Bengalski

bengalisht

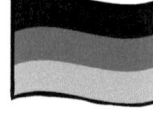

Niemiecki

gjermanisht

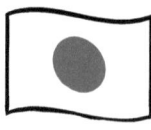

Japoński

japonisht

ja
·······
unë

ty
·······
ti

on / ona / ono
·······
ai / ajo

my
·······
ne

wy
·······
ju

oni
·······
ata

kto?
·······
kush?

co?
·······
çfarë?

jak?
·······
si?

gdzie?
·······
ku?

kiedy?
·······
kur?

Nazwisko
·······
emër

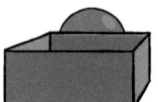

za

pas

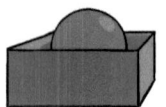

w

në

przed

përballë

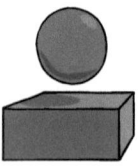

powyżej

sipër

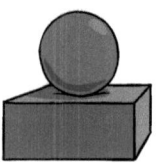

na

mbi

pod

poshtë

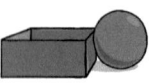

obok

pranë

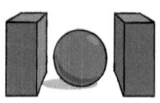

między

midis

Miejsce

vend